車いすや寝たきりの人でも楽しめる

シニアの1〜2分間ミニレク52

斎藤道雄 著

黎明書房

はじめに

シニアとあなたが「ときめく」本

この本は，
① デイサービスや老人ホームの高齢者施設などで，
② 現場で活躍するスタッフのみなさまが，
③ **車いすや，寝たきりのシニアの方々を対象に，**
④ （または，シニアご本人が，）
⑤ レクリエーション活動を（支援）することで，
⑥ 楽しむ本です。

「寝たきりの方にもできるレクはありませんか？」

ある介護施設で働く現場のスタッフの方から，こんな質問がありました。
ぼくの答えは，こうです。
「たくさんありますよ。
たとえば……，あなたがステキな笑顔であいさつをするとか……」

そう言うと，なんだかとてもビックリされたご様子でした。
たぶん質問した方は，もっと違う答えを期待していたんだと思います。
でも，これも，立派なレクなのです。

あくまでぼくの想像ですが，**デイサービスや介護現場でいう「レク」とは，
「集団で，全員で，いっしょに楽しめる，ゲームや遊び，または体操」**

ではないでしょうか。
それはそれで，決して間違いではありません。

でも，そうやって「レク」を限定してしまうと，
「寝たきりの方にもできるレクはありませんか？」
という思考のしかたになってしまいます。

それに，車いすの方や，寝たきりの方が，「集団で」「全員で」「いっしょに楽しみたい」。

果たして，本当に，そのように望んでいるのでしょうか。

そこで，提案です！
「レク」という言葉をやめて，「ときめき」に変えてみてください。
すると，こうなります。

「寝たきりの方が，ときめくには，どうしたらいいですか？」

どうです？　こう言ったほうが，楽しそうだと思いませんか。
質問が楽しくなれば，答えを考えるのも楽しくなります。

ということで，この本には，「お手玉」や「ラジオ体操」などの定番のレクから，「景色にときめく」とか，「最高の顔をする」なんていう，ちょっと変わったレクも登場します。

なぜなら，**目指しているのは，「ときめき」**ですから。

ある寝たきりの女性シニアが病気で入院されたときに，ぼくは，「早く元気になって戻って来てください」と，手紙を書いたことがあります。

あとで，スタッフの方に聞いたら，「○○さんは，斎藤先生にお手紙をいただいて，とても感激されてました」そう教えてもらいました。

これが，ぼくが目指す，「ときめき」です。

この本を読んで，
「こんなのもありなんだ」
「おもしろそうだからやってみようかな」
そう感じてもらえたら，最高にうれしいです。

それでは，「シニアとあなたがときめく本」，はじまりです！

もくじ

はじめに　―シニアとあなたが「ときめく」本―　2

I　定番ゲームを楽しむミニレク

❶　7並べ　6
❷　五目並べ　7
❸　神経衰弱　8
❹　坊主めくり　9
❺　指ずもう　10
❻　将棋くずし　11
❼　○×あそび　12

column　シニアを楽しませる極意 1　「楽しい」は，最強の動機　13

II　アートを楽しむミニレク

❽　一輪挿し　14
❾　書道アート　15
❿　らくがきアート　16
⓫　茶わんアート　17

III　脳トレを楽しむミニレク

⓬　親指と小指　18
⓭　足し算じゃんけん　19
⓮　10ゲーム　20
⓯　あと出しじゃんけん　21
⓰　トントンゴシゴシ　22
⓱　記憶力ゲーム　23
⓲　○と×　24
⓳　何の音？　25

IV　爆笑ゲームを楽しむミニレク

⓴　お江戸では？　26
㉑　これ何本？　27
㉒　しりとりパス　28
㉓　ピッタリじゃんけん　29
㉔　以心伝心　30
㉕　天狗の鼻　31
㉖　にらめっこ　32
㉗　早口言葉　33
㉘　あっち向いてホイ！　34

column　シニアを楽しませる極意 2　楽しんでほしいなら自分が
（スタッフが）楽しむ　35

V　うた，リズムを楽しむミニレク

㉙　「もしかめ」握手　36
㉚　1，2，3，2，4，5　37
㉛　インスタントコーラス　38
㉜　合奏体操　39

VI　癒やしのミニレク

㉝　動物とふれあう　40
㉞　しゃぼん玉を楽しむ　41
㉟　鳥の声を楽しむ　42
㊱　二人で肩もみ　43

VII　運動＆体操を楽しむミニレク

㊲　変顔体操　44
㊳　ラジオ体操　45
㊴　お手玉　46
㊵　紙風船　47
㊶　胸を張る　48

column　シニアを楽しませる極意　3　自分が楽しむには「おもしろがる」　49

VIII　ときめきのミニレク

㊷　景色にときめく　50
㊸　最高の顔をする　51
㊹　ときめきの誕生日　52
㊺　ときめきの手紙　53
㊻　ときめきの折鶴　54
㊼　ときめき指切り　55

IX　料理を楽しむミニレク

㊽　みそ汁　56
㊾　目玉焼き　57
㊿　こぶ茶　58
51　ぬか漬け　59
52　天日干し　60

column　シニアを楽しませる極意　4　人の役に立つことをしてもらう　61

おわりに　―「そうやって楽しんだらいいんだね」―　62

❶ 7並べ

人気のトランプ遊びです

準備するもの　トランプ
ねらいと効果　判断力を養う（数字を順番に並べる）
対　　　　象　車いすの方，寝たきりの方　ほか

楽しみかた

① 　トランプを配ります。
② 　配られたカードのうち，**7** のカードだけを並べます。
③ 　スタッフは，「たとえば，**7** の後ろに **8** を置く。または，前に **6** を置く」ように，シニアに説明します。
④ 　そして，「同じマークのとなりに並べてください」と言って，説明します。
⑤ 　**順番を決めずに，見つけた人が，どんどんカードを置いていきます。**
⑥ 　全部並んだら，大成功です。
⑦ 　スタッフは，競うのでなく，シニアと協力して，完成させると楽しいです。

スタッフによる言葉がけの極意

スタッフは，実際に見本を見せながら，説明するとわかりやすいです。たとえば「ハートの7」の隣に，「ハートの8」を置いて，**「同じマークのところに置いてください」**と言います。

❷ 五目並べ

碁石を使った知的なゲームです

準備するもの　碁石，碁盤
ねらいと効果　判断力を養う（よく見てよく考える）
対　　　象　車いすの方，寝たきりの方　ほか

楽しみかた

① じゃんけんをして，黒と白を決めます。
② スタッフは，「白か黒，どちらかが先に5個並べれば，勝ちです」と説明します。
③ **「3つ並んだときは，要注意です」**と言って，大事なポイントを説明します。
④ 3つ並んだときには，「3（さん）」と言って，相手に伝えます。
⑤ スタッフと，シニアが，交互に，碁石を並べていきます。
⑥ ほんのちょっとした時間に，かんたんにできるので，おススメです。

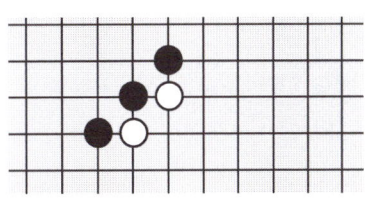

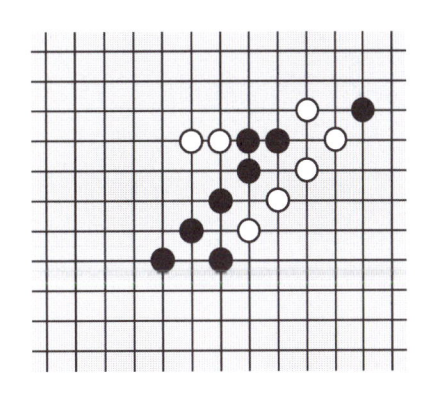

スタッフによる言葉がけの極意

③の**「3つ並んだときは，要注意です」**が，説明のポイントです。スタッフは，実際に，3つ並べて，説明して見せると，わかりやすいです。

❸ 神経衰弱

記憶力遊びの定番です

準備するもの　トランプ
ねらいと効果　記憶力を養う
対　　　　象　車いすの方，寝たきりの方　ほか

楽しみかた

① スタッフは，あらかじめトランプを全部裏返しておきます。
② スタッフは，シニアに，「同じ色が出たら，大当たりです」と説明します。
③ スタッフは，トランプを2枚選んで，めくって表にします。
④ 選んだ2枚のトランプの色が同じなら，2枚のトランプをゲットします。
⑤ 色が違えば，次の人と交代します。

⑥ 最後に，トランプを一番多く獲得した人が優勝です。
⑦ この神経衰弱は，数字でなく色にするのがミソです。

スタッフによる言葉がけの極意

たとえば，ハートとダイヤの同じ色どうしの2枚のトランプを見せて，「大当たり」と，説明すると，シニアにもわかりやすいです。

❹ 坊主めくり

引くだけですがスリル満点です

準備するもの　百人一首
ねらいと効果　ドキドキする
対　　　　象　車いすの方，寝たきりの方　ほか

楽しみかた

① はじめに，百人一首を重ねて置きます。

② ひとりずつ順番に，札を上から引いて
いきます。

③ 引いた札は，そのまま，自分のものに
なります。

④ ただし，坊主が出たら全ての札を没収
です。

⑤ そして，姫が出れば，その全ての札を
もらえます。

⑥ 最後に，手元に残った枚数で競います。

スタッフによる言葉がけの極意

坊主を引いたあとのタイミングで，「次に，姫が出れば，大当たり」と言うと，わかりやすいです。姫が出るか坊主が出るか，ドキドキ感が楽しいです。

❺ 指ずもう

昔よく2人でしました

準備するもの　特にありません
ねらいと効果　指ずもうを楽しむ，ふれあう
対　　　象　車いすの方，寝たきりの方　ほか

楽しみかた

① 　スタッフは，シニアに，「実は私，指ずもうの世界チャンピオンです」と，いかにもそれらしく言います。

② 「もし，私に勝てば，○○さんが，世界チャンピオンですけど，どうしますか〜」と，ちょっぴり挑発気味に言います。

③ 　シニアがやる気になれば，大成功です。

④ 　スタッフが指ずもうに勝ったら，対戦のお礼を言います。

⑤ 　シニアが勝ったら，「（新世界チャンピオン）おめでとうございます」と言って，よろこびます。

スタッフによる楽しみかたの極意

スタッフと，シニア，いっしょに，「はっけよ〜い，のこった！」と言ってから，はじめると，もっと楽しいです。

❻ 将棋くずし

指一本で競います

準備するもの　将棋の駒，将棋盤
ねらいと効果　集中力を養う
対　　　象　車いすの方　ほか

楽しみかた

① はじめに，将棋の駒の入った箱を逆さまにして盤の上に置きます。
② 次に，その箱を（駒を崩さないようにそうっと）持ち上げて，駒の山をつくります。
③ スタッフは，シニアに，**「指一本だけで，駒を（盤の外に）運び出せば成功です」**「ただし，途中で駒の山が崩れたり，運んでいる駒が倒れたりして音がしたら失敗です」と言って，説明します。
④ 全員が集中するので，ドキドキして楽しいです。
⑤ 最後に，手元にある駒の数で勝敗を競います。

スタッフによる楽しみかたの極意

シニアの誰かが駒を運ぼうとしているときに，スタッフは，人差し指を口にあてたり（静かにするように促す），手を耳にあてて，聞き耳を立てるようなポーズをとったりして，緊張感を高める演出をします。

❼ ○×あそび

シンプルな楽しいゲームです

準備するもの　筆記用具
ねらいと効果　頭の体操，ルールを理解する
対　　　象　車いすの方，寝たきりの方　ほか

楽しみかた

① スタッフは，まず，紙に，縦，横に２本ずつ線を引いて，どこかのマスを一つ選んで，○を書き込みます。

② スタッフは，シニアに，「○が３つ（一列に）並んだら，私の勝ちです」と言って，説明します。

③ スタッフは，「○が３つ並ばないように，×で阻止してください（止めてください）」と，ポイントを説明します。

④ スタッフは○を，シニア（相手）は×を，交互に書き込んでいきます。

⑤ ○が３つ並べばスタッフの勝ち，並ばないときはシニアの勝ちです。

例

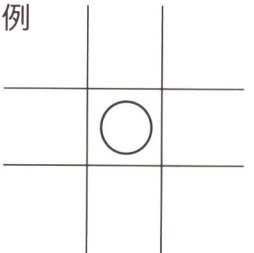

スタッフの勝ち

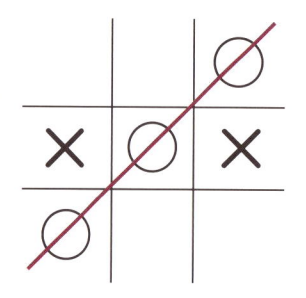

シニアの勝ち

スタッフによる言葉がけの極意

スタッフの，「○が３つ並んだら，私の勝ち」「３つ並ばないように阻止して」の言葉がポイントになります。一度で，全部覚える必要はありません。シニアが覚えるまで，余裕をもって，楽しんでください。

「楽しい」は，最強の動機

「体操のときに，何もしない人がいます。どうしたら，いっしょに体操して
くれますか」

あるデイサービスの女性スタッフの方からの質問です。

ぼくの，答えは，かんたんです。

「(体操を) もっと楽しくする」です。

ある心理学者によれば，人間が行動する動機の中で，最も強いのは，「楽し
い」と感じるとき，です。(これを内発的動機と言います)。
つまり，**「楽しい」から「する」のが断トツで一番**なのです。
とてもわかりやすいですね。

ちなみに，ぼくの体操は，「健康のため」という理由で参加されている方は，
少ないようです。
それより，ほとんどの方は，「楽しいから」参加されています。

もし，シニアの方が，「つまらない」と思えば，次に参加してもらえる確率は，
ぐんと低くなります。

誰でも，楽しいことはするし，楽しくないことはしない，のです。

つまり，いくら健康によいことでも，つまらなければ，長続きしません。
だから，ぼくは，**「楽しい」のを最も重視します。**

「楽しい」は，最強の動機です。

では，どうやったら，シニアに楽しんでもらえるか。
それは，またあとでお話しします。

❽ 一輪挿し

あっという間にステキな部屋に！

準備するもの　花瓶（または，コップ）
ねらいと効果　アート感覚を養う，想像力を働かせる
対　　　　象　車いすの方，寝たきりの方　ほか

楽しみかた

① 　庭で，草花を，探します。
② 　スタッフは，何かあれば，「こんなのどうですか？」と，シニアに相談してください。
③ 　花でなくても，葉っぱでも OK です。
④ 　草花は，一輪挿しに入れて，部屋に飾ります。
⑤ 　いっしょに探して見つけた草花には，思い入れがあります。

スタッフによる言葉がけの極意

シニアと，いっしょに探すのがポイントです。「ぜひ，いっしょに探してほしい」とお願いしたり，「こんなのどう思うか」と相談してみてください。玄関や，窓際や，机の上，トイレなど，目につきやすいところに置くと，いいです。

❾ 書道アート

文字でなくてもOK

準備するもの　紙，筆，墨
ねらいと効果　アート感覚を養う
対　　　象　車いすの方　ほか

楽しみかた

① 　スタッフは，シニアに「私は書道の達人です」と言います。
② 　スタッフはいかにも達人ぽく，筆で，○をひとつ，さっと描きます。
③ 　そして，スタッフは，「では，先生も」と言って，シニアにも描くようにお願いします。
④ 　名前や，印を入れれば，さらに本格的です。
⑤ 　額に入れて飾れば，立派な芸術作品の出来上がりです。

スタッフによる言葉がけの極意

「**力強く○を書いてください**」と言いますと，それだけで，書くことに，気持ちが集中します。ほかにも，「やさしく」とか，「ていねいに」とか，「元気に」とか，言葉がけをするといいです。

❿　らくがきアート

誰でも芸術家になれます

準備するもの　画用紙，クレヨン
ねらいと効果　アート感覚を楽しむ，ストレスの解消
対　　　　象　車いすの方　ほか

楽しみかた

① 　スタッフは，画用紙に，クレヨンで，
線を描きます。

② 　このときに，縦，横，ななめ，波
線など自由に描くのがポイントです。

③ 　スタッフは，**「自分の気の向くまま
に，自由に描いてください」**と言って，
シニアにお願いします。

④ 　出来上がった絵を，額に入れて飾
れば，立派な芸術作品の完成です。

⑤ 　絵を描くのは，ストレスの解消に
も役立ちます。

⑥ 　らくがきは，立派なアートです。

スタッフによる言葉がけの極意

**「自分の気の向くままに，自由に描いてくださ
い」**と言いますと，ハードルが下がって，安心
して描けます。「上手下手は関係ない」「気にし
ないで」などの言葉もいいです。

⑪ 茶わんアート

部屋が美術館に変身！

準備するもの　茶わん
ねらいと効果　アート感覚を楽しむ
対　　　象　車いすの方，寝たきりの方　ほか

楽しみかた

① ふつうの茶わんをアートにして楽しみます。

② スタッフは，茶わんを2つ用意します。

③ その茶わんを，机の上に，並べて置きます。

④ スタッフは，シニアに，「どちらの茶わんがいいと思うか」聞いてみます。

⑤ 「色が好き」「形がいい」「柄がステキ」など，いろいろしゃべると，おもしろいです。

⑥ 机の上には，茶わん以外の物を全部片づけ，何も置かないようにすると，美術館のようで，芸術的な雰囲気が出ます。

スタッフによる言葉かけの極意

茶わんの下に，色紙を置くと，キレイになります。色を変えて「どの色がいいか」話し合うのもいいです。

⑫ 親指と小指

指を出したり，戻したりします

準備するもの　特にありません
ねらいと効果　手の器用さを維持
対　　　　象　車いすの方，寝たきりの方　ほか

楽しみかた

① スタッフは，シニアに，「指の体操をします。マネしてください」と言います。

② はじめに，「両手をグーにします」。

③ **「右手の親指を出します」** そして，**「左手の小指を出します」**。

④ このタイミングで，一度，止めて，できているかどうか確かめます。

⑤ 「（指を戻して）両手をグーにします」。

⑥ **「右手の小指を出します」** そして，**「左手の親指を出します」**。

⑦ ③と⑥を，全部で5回します。

スタッフによる言葉がけの極意

一度に，全部，説明してしまうとシニアは頭が混乱します。「両手をグーにします」「右手の親指を出します」「左手の小指を出します」と言って，一回の説明で，ひとつの動作だけにするといいです。

⑬ 足し算じゃんけん

指と指の足し算です

準備するもの　特にありません
ねらいと効果　よく見てよく考える，判断力を養う
対　　　象　車いすの方，寝たきりの方　ほか

楽しみかた

① 　スタッフは，シニアに，**「頭を使う，じゃんけんをします」** と言って，説明します。

② 　「パーが５，チョキが２，グーが１です」と言って，実際に見本を見せて説明します。

③ 　**「ふたりで，じゃんけんをして，足し算します。** たとえば，ふたりともパーなら答えは？　10」と言って，例を示します。

④ 　「じゃんけんぽい！」のあとで，少し間を置いてから，スタッフが，「せーのー！」と言って，ふたりで答えをいっしょに言います。

⑤ 　ふたりとも，正解すれば，大成功です。

⑥ 　全部で５回，チャレンジです。

スタッフによる言葉がけの極意

スタッフは，④で **「じゃんけんぽい！」** のあとで，少し間を置いてから，ふたりで答えをいっしょに言ってもらうようにします。間を長くすれば，正解しやすくなります。

⑭ 10ゲーム

かんたんな計算と掛け算を楽しみます

準備するもの　筆記用具
ねらいと効果　よく見てよく考える，判断力を養う
対　　　象　車いすの方，寝たきりの方　ほか

楽しみかた

① 　スタッフは，紙に（マッチ棒くらいの）短い棒を 10 本書きます。

② 　「私と○○さんが，はしから順に，交互に，棒を消していきます」と，説明します。

③ 　次に，「最後の 10 本目を消した人が負けです」そして，「ただし，一度に消せるのは，３本までとします」と言って，説明します。

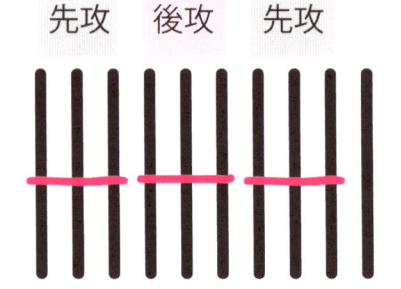

この勝負，先攻の勝ちです

④ 　はじめに，スタッフが，棒を３本消します。（これで，あと残りが７本です）

⑤ 　次は，シニアの番。一度に消せるのは，（１本から）３本まででした。たとえば，シニアが，３本消したとします。（これで，残り４本です）

⑥ 　残りが４本なので，スタッフが３本消してしまえば，スタッフの勝ちとなります。（シニアが 10 本目を消すことになるので）

スタッフによる言葉がけの極意

「私と○○さんが，はしから順に，交互に，棒を消していきます」「最後の 10 本目を消した人が負けです」と概要だけを先に言ってしまいます。細かいルールはそのあとで，大丈夫です。

⑮　あと出しじゃんけん

文字通りあと出ししてください

準備するもの　特にありません
ねらいと効果　よく見る，よく考える，判断力を養う
対　　　　象　車いすの方，寝たきりの方　ほか

楽しみかた

① 　スタッフは，シニアに，「私とじゃんけんして，同じものを出してください」と言って，説明します。

② 　次に，スタッフは，「今度は，私に勝つものを出してください」と言って，説明します。

③ 「たとえば，私がグーを出したら，○○さんは？」と質問して，確認します。

④ 　はじめは，ゆっくりと，相手のレベルに合わせて，徐々にテンポアップすると楽しいです。

同じもの
出せたー

勝たなきゃいけないのに
間違えて同じもの
出しちゃったー

スタッフによる進めかたの極意

スタッフは，はじめに，同じものを出す，かんたんな，あいこバージョンからはじめるといいです。スタッフに勝つ，勝ちバージョンは，そのあとからにしたほうが，より楽しいです。

⓰ トントンゴシゴシ

グーでたたいて，パーでこすります

準備するもの　特にありません
ねらいと効果　頭の体操，器用さを維持する
対　　　象　車いすの方，寝たきりの方　ほか

楽しみかた

① スタッフは，「私をよ～く見て，
　マネしてください」と言って説明
　します。
② 右手をグー，左手をパーにします。
③ 右手でひざをトントンたたきま
　す。
④ 左手で，ひざをゴシゴシこすり
　ます。
⑤ 両手を同時にします。
⑥ シニアも，いっしょに，マネし
　てもらいます。
⑦ いっしょに，楽しくできたら，
　大成功です。

スタッフによる言葉がけの極意

スタッフは，わざと，**「グーで，ゴシゴシした
りしないように気を付けてください」**と言うと，
その言葉が耳に残るので，間違いを誘発できま
す。笑いがほしいときに，言うといいです。

⑰ 記憶力ゲーム

あなたはいくつ覚えられますか？

準備するもの　ペン，ノート，コップなど身近にあるもの10個，筆記用具
ねらいと効果　記憶力を養う
対　　　象　車いすの方，寝たきりの方　ほか

楽しみかた

① はじめに，机の上に，ペン，ノート，コップ，など，身近にあるものを，全部で10個，並べておきます。

② スタッフは，シニアに，机の上にあるものを，30秒間見て，覚えてもらいます。

③ 終わったら，スタッフは，シニアに，「誕生日は，何月何日ですか？」「出身地はどこですか？」「5＋8＝」など，まったく関係のない質問を3つします。

④ 質問が終わったら，シニアに，先ほど見たものを，紙に書きだしてもらいます。

⑤ 3つ以上覚えていたら成功です。半分以上，覚えていたら大成功です。

スタッフによる言葉がけの極意

あくまでも楽しむためのゲームです。テストにならないように注意します。なので，基準はゆるくします，「3つ覚えていたら成功」「5つで大成功」。あくまでも，楽しさ重視で。

⓲ ○と×

右手と左手が違う動きをします

準備するもの　特にありません
ねらいと効果　手の器用さを維持
対　　　象　車いすの方，寝たきりの方　ほか

楽しみかた

① スタッフは，シニアに，**「今から私のすることを見てマネをしてください」** と言って，説明します。

② はじめに，「片手で○を書いてください」と言って，空中に○をひとつ描きます。

③ 次に，「反対の手で×を描いてください」と言って，反対の手で空中に×をひとつ描きます。

④ そして，「では，ここから本番です。**両手同時に……，（○と×を）描いてください**」と言って，○と×を，同時に描きます。

⑤ 両手いっしょだと，へんなかたちになるので，大爆笑です。

スタッフによる言葉がけの極意

スタッフが，④で，**「～両手同時に……，」** と言うと，シニアは，「え～～（驚）」と言って，びっくりします。

⑲　何の音？

楽しくできる耳の体操です

準備するもの　茶わん，コップ，なべ（音の出るもの），はし
ねらいと効果　集中力を高める，よく聞く，よく考える
対　　　　象　車いすの方，寝たきりの方　ほか

楽しみかた

① はじめに，机の上に，茶わん，コップ，なべを並べておきます。
② スタッフは，シニアに，「耳の体操です。これから聞こえる音は，どの音か当ててください」と言って，説明します。
③ スタッフは，シニアに，後ろを向いてもらいます。
④ スタッフは，はしで，いずれかをたたいて，音を鳴らします。
⑤ 見事，正解したら，大成功です。
⑥ 相手のレベルに合わせて，2個同時に音を出しても楽しいです。

スタッフによる言葉がけの極意

②「クイズです」より**「耳の体操です」**という方が，シニアはやる気になります。2個のものを同時にたたいて，当ててもらうようにすれば，よりむずかしくなります。

㉗ お江戸では？

聞かれたら素早く答えます

準備するもの　特にありません
ねらいと効果　記憶力を養う，すばやく判断する
対　　　象　車いすの方，寝たきりの方　ほか

楽しみかた

① スタッフは，シニアに，「私がするのをよく見て，同じようにマネしてください」と言います。

② はじめに，「お江戸では？　武士でござる」と言って，腰に両手を置きます。（刀を差す感じ）

③ 次に，「大阪では？　商人でござる」と言って，両手をこすります。（もみ手をします）

④ そして，「京都では？　お公家でござる」と言って，胸の前で両手をグーで重ねます。

⑤ スタッフは，「お江戸では？」と質問します。

⑥ シニアは，「武士でござる」と言って，ポーズができれば，大成功です。

⑦ セリフを間違えたり，セリフとポーズが合わなかったりするところがおもしろいです。

お江戸では？　武士でござる

大阪では？　商人でござる

京都では？　お公家でござる

スタッフによる言葉がけの極意

はじめに，**「では，問題です」**と言うと，シニアは意識を集中して聞こうとします。そのあとに，**「お江戸では？」**と，ゆっくりと，やさしく，ていねいに質問調で，聞いてください。

㉑ これ何本？

手だけで当ててください

準備するもの　特にありません
ねらいと効果　手でふれて感じる
対　　　象　車いすの方，寝たきりの方　ほか

楽しみかた

① 　スタッフは，シニアに，「目をとじて，両手を前に出してください」と言って，お願いします。
② 　次に，「目をとじて，これを，両手で，そうっと握ってください」と言って，スタッフの指を握ってもらいます。
③ 　そして，スタッフは，何本あるか，質問します。
④ 　シニアに指の本数を答えてもらいます。
⑤ 　かんたんなので，スタッフとシニアが，交代してしても，楽しいです。

何本かしら？

スタッフによる言葉がけの極意

スタッフは，正解したら「大当たり！」「大正解！」「すごーい！」など，よろこびます。スタッフの言動や表現が，シニアにとって，刺激になります。

㉒ しりとりパス

お手玉を使ってしりとりしましょう

準備するもの　お手玉
ねらいと効果　よく聞いて考えて答える，判断力を養う
対　　　　象　車いすの方，寝たきりの方　ほか

楽しみかた

① 　スタッフは，シニアに，「ちょっと変わったしりとりをします」と，説明します。
② 　「しりとりを言うときにはお手玉をパスする」ようにお願いします。
③ 　スタッフは，「バナナ」と言いながら，お手玉を相手にパスします。
④ 　シニアは，5秒以内に，しりとりを続けて，お手玉をパスできればセーフです。
⑤ 　しりとりが10個続けば，大成功です。

スタッフによる楽しみかたの極意

勝ち負けを競うのではなく，全員で協力して，目標を達成するようにすると楽しいです。

㉓ ピッタリじゃんけん

相性を占います

準備するもの　特にありません
ねらいと効果　予測する，いい気分になる
対　　　象　車いすの方，寝たきりの方　ほか

楽しみかた

① 　スタッフは，シニアに，「相性診断
をしたい」と言って，お願いします。

② 　そして「じゃんけんをして，あい
こが出れば，相性ぴったりです」と，
説明します。

③ 　さらに，**「私の頭の中を想像して，
私が何を出すか，よ～く考えてくだ
さいね」**と，言います。

④ 　そして，「せーのー」と言って，じゃ
んけんします。

⑤ 　1回であいこが出たら超最高。2
～3回は最高。4～5回はかなり良
い。6～10回は良い。11回以上はまぁ
まぁ良い。

ぴったりですね！
超最高！

スタッフによる言葉がけの極意

スタッフは，③で，**「私の頭の中を想像して，
私が何を出すか，よ～く考えてくださいね」**と，
一言付け加えることで，ゲームがもっと盛り上
がります。

❷❹ 以心伝心

二人の答えが合えば大成功！

準備するもの　特にありません
ねらいと効果　話をよく聞く，答えを選ぶ
対　　　　象　車いすの方，寝たきりの方　ほか

楽しみかた

① スタッフは，「今から，私が問題を出します」と，言います。
② そして，「もし，私と○○さんが，いっしょの答えだったら，大成功です」と言って，説明します。
③ スタッフは，「おそばと，うどん。好きなのはどっち？」と，質問します。
④ **スタッフは，「せーのー」と言って，ふたりで同時に，答えを言います。**
⑤ 答えが同じなら，大成功です。
⑥ ほかにも，「肉と魚」「ラーメンとカレーライス」「大福とおはぎ」「こしあんとつぶあん」「春と秋」「夏と冬」「山と海」「和食と洋食と中華」「ぎょうざとしゅうまい」など。

うどん！

スタッフによる言いかたの極意

ふたりで，同時に，答えるのがポイントです。④**「せーのー」**を，いっしょに言うと，タイミングが合います。

㉕ 天狗の鼻

同じポーズをしたら負けです

準備するもの　特にありません
ねらいと効果　よく見てよく考える，判断力を養う
対　　　　象　車いすの方，寝たきりの方　ほか

楽しみかた

① はじめに，スタッフは，シニアに，「天狗の鼻のように，両手をグーにして重ねてください」と言って，いっしょにします。

② 次に，「あごひげのように，両手をグーにして重ねてください」と言って，いっしょにします。

③ そして，「コブのように，両手を，左右のほっぺにくっつけてください」と言って，いっしょにします。

④ 次に，スタッフは，「今度は，私のマネをしてしまったら負けです」と，説明します。

⑤ はじめはゆっくりと，慣れてきたら徐々にテンポアップ。思わずつられてしまうところが楽しいです。

スタッフによる楽しみかたの極意

スタッフは，**「勝ち負け」をつけるのでなく，シニアがうまくできたらよろこぶ，うまくできなければ笑い飛ばす，**そんな感じでするといいです。

㉖ にらめっこ

最強の爆笑ゲームです

準備するもの　特にありません
ねらいと効果　顔の体操，にらめっこを楽しむ
対　　　象　車いすの方，寝たきりの方　ほか

楽しみかた

① 　スタッフとシニアが，向かい合わせになります。
② 　にらめっこの前に，相手の目を，5秒間，じーっと見つめます。
③ 　次に，いっしょに，「にらめっこしましょう，あっぷっぷ♪」と，声に出して言います。
④ 　このとき，明るく元気に言うのが大事です。
⑤ 　恥ずかしがらずに，全力で笑わせにいくほうが，絶対に楽しいです！

にらめっこしましょう，あっぷっぷ♪

スタッフによる言葉がけの極意

「にらめっこしましょう，あっぷっぷ♪」のところを，スタッフとシニアいっしょに言うと楽しいです。笑ったら負けのほかにも，目をそらしたら負け，口をあけたら負け，としてもおもしろいです。

❷❼ 早口言葉

早口でなくてもOK

準備するもの　特にありません
ねらいと効果　口の体操，声を出す
対　　　象　車いすの方，寝たきりの方　ほか

楽しみかた

① スタッフは，シニアに，「私が言ったことを，繰り返してください」と言って，お願いします。

② スタッフは，「生麦，生米，生卵」と，言います。

③ このときは，聞き取りやすいように，ゆっくり，はっきり，ていねいに言うのがポイントです。

④ スタッフは，「どうぞ！」と言って，繰り返してもらいます。

⑤ そして，スタッフは，同じ早口言葉を，先ほどよりも，少しスピードアップします。

⑥ ゆっくり，やや速い，速い，超速い，と徐々にレベルアップしていきましょう。

生麦（なまむぎ），生米（なまごめ），生卵（なまたまご）！

スタッフによる楽しみかたの極意

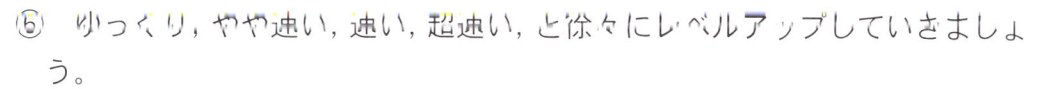
見本を見せるはずのスタッフが，逆に間違えてしまうのも，おもしろいです。このほかにも，「赤巻紙（あかまきがみ），青巻紙（あおまきがみ），黄巻紙（きまきがみ）」「東京特許許可局（とうきょうとっきょきょかきょく）」「隣（となり）の客（きゃく）はよく柿（かき）食（く）う客（きゃく）だ」

❷❽ あっち向いてホイ！

> ## 定番爆笑ゲームです

準備するもの　特にありません
ねらいと効果　首を動かす，予測する
対　　　　象　車いすの方，寝たきりの方　ほか

楽しみかた

① 　スタッフは，人差し指を出して，「私が指をさした方を見てください」と言って，シニアに説明します。

② 　スタッフは，「あっち向いて，ホイ！」と言って，右の方を指さします。シニアが，その指と同じ方を見れば，OKです。

③ 　同じようにして，左，上，下，と繰り返していきます。

④ 　そして，**「今度は，私が指をさした方を見てしまったら，負けです」** と説明します。

⑤ 　スタッフは，「あっち向いて，ホイ！」と言って，右を指さします。

⑥ 　シニアが，指と同じ方を向かなければ，大成功です。

ほいっ！

スタッフによる言葉がけの極意

④の**「今度は，私が指をさした方を見てしまったら，負けです」**が，説明のポイントです。このように言うと，シニアに，わかりやすいです。

楽しんでほしいなら自分が（スタッフが）楽しむ

どうしたら，シニアに楽しんでもらえるか。
とっても，かんたんな方法があります。

それは，**「自分が楽しむ」**ことです。
あたりまえのようですが，とても大事なことです。

「シニアを楽しませよう」と思うのは，決して間違いではありません。
ぼくも，かつては，そうでした。
でも，その気持ちは，余計なプレッシャーにもなります。
「楽しませなければいけない」なんて，とても大変なことですから。

これは，介護支援の仕事がメインの，現場で働くスタッフの方々にとっては，
なおさらのことだと思います。

そこで，どうしたらいいか？
失敗に失敗を重ねたぼくの結論は，「自分が楽しむ」ことだったのです。

「シニアが楽しい」と感じるかどうかは，あくまでも，結果に過ぎません。
それよりも，「自分が楽しむ」ほうが，何百倍もかんたんです。

そして，**自分が楽しければ，シニアにも楽しんでもらえます。**
反対に，**自分が楽しくなければ，シニアにも楽しんでもらえません。**

ぼくは，「自分が楽しむ」ようになってから，前よりも，「楽しい」と言っ
てくださる方が確実に増えるようになりました。

繰り返します。**シニアを楽しませたいなら，まずご自分が楽しんでください。**

では，自分が楽しむには，どうしたらいいでしょう。

つづきは，また，このあとで。

㉙「もしかめ」握手

歌いながら手をにぎりましょう

準備するもの　特にありません
ねらいと効果　声を出す，握手する
対　　　象　車いすの方，寝たきりの方　ほか

楽しみかた

① 「もしもしかめよかめさんよ〜」と歌いながら，右手で8回握手します。
② 「世界のうちでおまえほど〜」と歌いながら，左手で8回握手します。
③ 「あゆみののろい」右手で4回，「ものはない」左手で4回。
④ 「どうして」右手で2回，「そんなに」左手で2回。
⑤ 「のろ」右手で1回，「いの」左手で1回。
⑥ 「か」両手で，タッチ！

もしもしかめよ
かめさんよ〜 ♪

か

スタッフによる進めかたの極意

スタッフは次の手を，ワンテンポ，早めに差し出します。シニアはそれを見て，マネするだけでよいので，うまくいきます。

㉚ 1, 2, 3, 2, 4, 5

言いながら，指を出しましょう

準備するもの　特にありません
ねらいと効果　記憶力を養う
対　　　　象　車いすの方，寝たきりの方　ほか

楽しみかた

① スタッフは，「私がするのをよく見て，マネをしてください」と言って，説明します。

② スタッフは，「1，2，3」と言って，その数に合わせて指を出します。

③ スタッフは，見本をみせたら，「どうぞっ！」と言って，お願いします。

④ うまく，できたら，大成功です。

⑤ 同じようにして，「2，4，5」「3，1，2」「4，2，5」と，チャレンジしていきましょう。

1…

スタッフによる言葉がけの極意

スタッフは，① **「私がするのをよく見て，マネをしてください」** と言って，見本を見せます。言葉だけで説明するよりも，この「マネしてください」の一言が，シニアには一番わかりやすいです。

㉛ インスタントコーラス

相手につられないように歌いましょう

準備するもの　特にありません
ねらいと効果　声を出す，集中力を養う
対　　　象　車いすの方，寝たきりの方　ほか

楽しみかた

① 　スタッフはうさぎとかめ，シニアは浦島太郎を，それぞれいっしょに歌います。
② 　スタッフの，「せーのー」の合図で，ふたり同時に，歌いだします。
③ 　ふたりとも，最後まで，歌い通すことができれば，大成功です。
④ 　思わず相手のメロディーにつられそうになるところが楽しいです。

もしもしかめよ〜かめさんよ〜♪

むかしむかし浦島は〜♪

スタッフによる言葉がけの極意

「正しく歌えたほうが勝ち」でなく，**「ふたりとも最後まで歌いきれば大成功」**と，言うのがオポイントです。競うのではなく，ふたりで協力して成功させるイメージです。

㉜ 合奏体操

自由に楽器を鳴らしてみましょう

準備するもの　いろいろな楽器（なくても可）
ねらいと効果　手を動かす，自由に音を出す
対　　　象　車いすの方，寝たきりの方　ほか

楽しみかた

① 歌に合わせて自由に楽器を鳴らします。
② 声を出しながら手を動かすので，運動効果で明るくにぎやかな雰囲気になります。
③ カスタネット，すず，タンバリン，など，なんでもOKです。
④ 楽器がない場合は手拍子だけでも大丈夫。
⑤ 靴が鳴る，うさぎとかめ，七つの子などが，ぼくのおススメです。

おててつないで〜♪

スタッフによる楽しみかたの極意

途中で，楽器を交代すると，あきずに楽しめます。楽器がなければ，机を手でたたいたり，手拍子をしたり，ひざをたたいたりしてもいいです。

🖊33　動物とふれあう

見ているだけで癒やされます

準備するもの　犬や猫のポスターほか
ねらいと効果　気分が安らぐ，リラックス効果
対　　　象　車いすの方，寝たきりの方　ほか

楽しみかた

① 　ある老人ホームでは，シニアが交代で犬の世話をしています。
② 　部屋に閉じこもり気味だったある男性シニアは，犬が来てから，部屋から出るようになりました。
③ 　また，犬が好きなある女性シニアは，自分の部屋に，大好きなチワワのポスターを貼っています。
④ 　**本物の犬が飼えない場合でも，ポスターやカレンダーでも，シニアは犬に癒やされています。**
⑤ 　**犬とのふれあいが，シニアを元気にします。**

スタッフによる楽しみかたの極意

動物が好きなシニアがいれば，ポスターやカレンダーをプレゼントすれば，よろこばれます。猫の絵はがきを，フォトスタンドにして飾るのもおススメです。絵はがきは，文房具店やインターネットなどでも購入できます。

㉞ しゃぼん玉を楽しむ

おおーー！　ファンタジー

準備するもの　しゃぼん玉
ねらいと効果　しゃぼん玉を見てふれて楽しむ
対　　　　象　車いすの方，寝たきりの方　ほか

楽しみかた

① スタッフは，シニアに見えるようなところで，しゃぼん玉をして見せます。

② しゃぼん玉をするだけで，そこは幻想的な風景に様変わりします。

③ シャボン玉をすると，シニアの顔がほころびます。

④ 中には，手で，しゃぼん玉をさわろうとする方もいます。

⑤ もちろん，何もせずに，ただ眺めるだけでも楽しいです。

スタッフによる楽しみかたの極意

スタッフは，窓際や，ベランダなど，あらかじめ，シニアが，しゃぼん玉を見つけやすい場所を見つけておくといいです。しゃぼん玉は，うまくつくれないこともあるので，はじめてするときは，事前に試してみるといいです。

㉟　鳥の声を楽しむ

鳥の声は，最高のメロディーです

準備するもの　特にありません
ねらいと効果　鳥の鳴き声を楽しむ
対　　　　象　車いすの方，寝たきりの方　ほか

楽しみかた

① 　スタッフは，シニアといっしょに，鳥の声を聞いてみます。

② 　テレビやラジオなど，音の出るものを消すとよいです。

③ 　実際に，聞こえた，その鳥の声の，マネをしてみます。

④ 　たとえば，「ちゅん，ちゅん」とか，「かあー，かあー，かあー」とか，「くるっくー」とか。

⑤ 　ただ，だまって聞いているだけでも楽しいです。

くるっくー

スタッフによる楽しみかたの極意

スタッフとシニアがいっしょに，どんなふうに聞こえるか，マネしてみると楽しいです。ちなみに，ぼくの部屋からは，「ホーーホホッホーー」とか，「うぎゃー」とか，何の鳥だかわかりませんが，そんなふうに聞こえます。

36　二人で肩もみ

二人で肩たたきも楽しい

準備するもの　特にありません
ねらいと効果　ふれあう
対　　　象　車いすの方，寝たきりの方　ほか

楽しみかた

① スタッフは，シニアに，「私にじゃんけんで勝ったら，肩たたきします」と言います。

② 「でも，もし，私が○○さんに勝ったら……，○○さんが私の肩をたたいてください」と言って，お願いします。

③ 負けた人が，10回たたきます。

④ ただ，肩をたたくだけでなく，じゃんけんやおしゃべりを楽しむといいです。

⑤ 肩たたき10回のほかに，肩もみ30秒や，手のひらマッサージ30秒でも楽しいです。

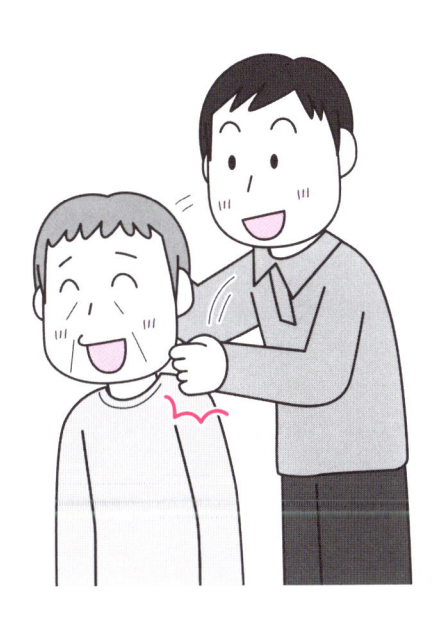

スタッフによる言葉かけの極意

②のところで，**「～でも，もし，私が○○さんに勝ったら……」**と，２，３秒，間を置いてみてください。勘のいい人なら，全部説明しなくても，その時点で，ピンと来ます。（スタッフが，あえて全部を言わなければ，相手は，おのずとその先を考えます）

 変顔体操

> ## 寝たままでもOK

準備するもの　特にありません
ねらいと効果　顔の体操，おもしろい顔をする
対　　　　象　車いすの方，寝たきりの方　ほか

楽しみかた

① 　スタッフは，シニアに，「私とそっくりに，顔マネをするように」お願いします。
② 　はじめに，スタッフは，両手で顔を隠します。
③ 　次に，スタッフは，ひょっとこの顔マネをします。
④ 　顔マネといっしょに，「うーーー」と，声を出すと，もっと楽しいです。
⑤ 　他にも，ハナの下を伸ばして，「もーーー」と声を出すのも，おススメです。

スタッフによる言葉がけの極意

ただ，「体操をします」より，**「美人になる体操」「男前になる体操」**と言ったほうが，シニアに興味を示してもらえます。

㊳ ラジオ体操

できる体操だけでOK

準備するもの　ラジオ（またはテレビ）
ねらいと効果　体を動かす，体をほぐす
対　　　　象　車いすの方，寝たきりの方　ほか

楽しみかた

① 　スタッフは，シニアの見えるところで，明るく元気にラジオ体操をします。
② 　するとシニアは，その様子に誘われて，自然に体を動かしはじめます。
③ 　何もしようとしない方には，「いっしょにどうですか？」「とっても気持ちがいいですよ」と，声掛けをします。
④ 　スタッフは，**「いかにも気持ちよさそうに言う」**のがポイントです。
⑤ 　しない（できない）方にも，スタッフがいきいきと体を動かしている姿を見せてください。
⑥ 　寝たきりの方には，「全部しなくてもいい」「できることだけでいい」と言って，ハードルを下げます。

スタッフによる言葉がけの極意

「体操しなきゃダメ」これは，NGワードです。⑥で，**「全部しなくてもいい」「できることだけでいい」**と言うと，シニアも，体が動かしやすく感じます。

39 お手玉

最高の遊び道具で楽しみましょう

準備するもの　お手玉
ねらいと効果　巧緻性維持
対　　　　象　車いすの方，寝たきりの方　ほか

楽しみかた

① 　スタッフと，シニアが，向かい合います。

② 　スタッフとシニアは，それぞれ，お手玉を，ひとつずつ，右手に持ちます。

③ 　スタッフは，「私の合図で，○○さんのお手玉を，わたしの左手に手渡してください」と言って，左手を差し出します。

④ 　そして，「同時に，私のお手玉を○○さんの，左手に手渡しします」と，説明します。

⑤ 　うまくできれば，大成功です。

⑥ 　2回連続，10回連続，10秒間で何回？　いろいろ試すと楽しいです。

せーのー
はいっ！

スタッフによる言葉がけの極意

掛け声の合図が大事なポイントです。スタッフとシニアがいっしょに言うと，タイミングがばっちり合います。うまくいったら，反対回し（左手で手渡しする）に挑戦しても，楽しいです。

㊵ 紙風船

軽いので片手でもOK

準備するもの　紙風船
ねらいと効果　手先の器用さを維持
対　　　　象　車いすの方，寝たきりの方　ほか

楽しみかた

① 　紙風船は，色合いがキレイで，大きさや重さもちょうどいいので，シニアにおススメです。
② 　シニアは，紙風船を連続して手で打ちます。
③ 　スタッフは横で，声を出して，かぞえます。
④ 　10回，落とさずにできれば大成功です。
⑤ 　スタッフとシニアで，落とさないように協力するのも楽しいです。

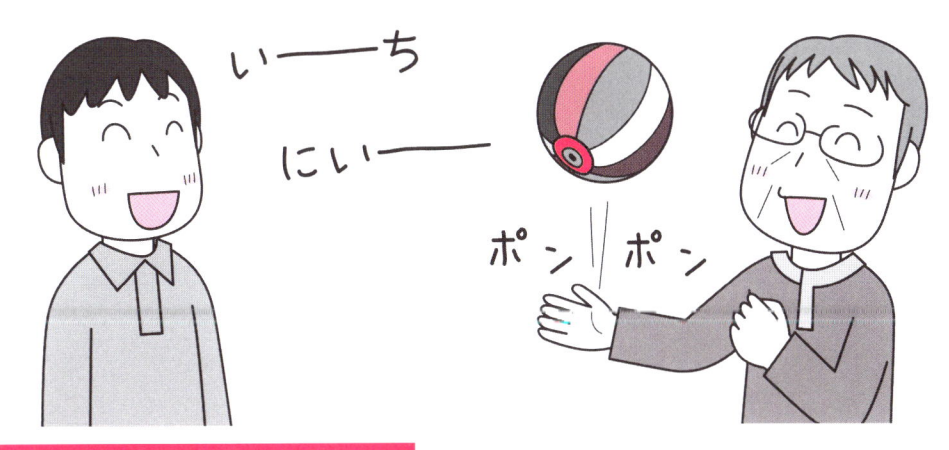

スタッフによる言葉がけの極意

スタッフは，**「落とさずに，何回，続くか挑戦しませんか」** と言います。あくまでも，協力して楽しむイメージでしてください。紙風船は，インターネットなどで購入することができます。

㊸ 胸を張る

気分が落ち込むのを防ぎます

準備するもの　特にありません
ねらいと効果　元気が出る，スッキリする
対　　　象　車いすの方，寝たきりの方　ほか

楽しみかた

① スタッフは，シニアに見えるところで，両手をひろげて胸を張ります。
② いかにも気持ちよさそうに，大げさにするのが大事です。
③ スタッフは,「あ〜〜気持ちいい〜」と，声に出して言います。(めちゃくちゃ気持ちよさそうに)
④ スタッフは，シニアに,「いっしょにどうですか？」「スッキリしますよ」と，やさしく声を掛けてください。
⑤ いっしょに，やってもらったら，お礼を言うのを忘れずに。

あぁ〜
気持ちいい〜

スタッフによる言葉がけの極意

スタッフは③で，**「あ〜〜気持ちいい〜」**と，声に出してください。言葉には力があります。実際に，見ているだけの人にも，口に出した言葉の通りに感じてもらえます。

自分が楽しむには「おもしろがる」

「楽しんでほしいなら，楽しむ」，という話をしました。
では，「自分が楽しむ」には，どうしたらいいでしょう。

それは，「おもしろがる」ことです。

ぼくの現場で，こんなことがありました。
体操の説明をしたあとに，ぼくがこう聞きました。

「わかりましたか？」

すると，どうしたことか，誰も，何も言わないのです。
思わず，ぼくはズッコケてしまいました。
それを見た全員は，なんと大爆笑。

「こうすると笑うんだ！」
その時にはじめて，気づいたのです。
笑うと，その場が，一気に，明るい雰囲気に変わります。
雰囲気が明るければ，気分もよいので，体もよく動くようになります。

また，最近では，
「顔の体操です。同じ顔，してください」
と言って，ぼくが，わざと思いっきり変な顔をします。
すると，みなさんも，おもしろがって，思いっきり変な顔をしてくれます。

「体操をおもしろがってする」
そう言うと，なんだか変なことを言ってるように思うかもしれません。
でも，そうすることで，シニアの方にも，**楽しんで体を動かしてもらえます。**

　いえ，気力や体力に著しい差があるシニアだからこそ，おもしろがってしたほうが満足度が上がるのです。

㊷ 景色にときめく

外の世界は見るだけで最高！

準備するもの　特にありません
ねらいと効果　いい気分になる
対　　　　象　車いすの方，寝たきりの方　ほか

楽しみかた

① スタッフは，シニアといっしょに，窓の外の景色を眺めてみてください。
② スタッフは，見たこと，感じたことを，口に出して言葉にします。
③ 「いい天気ですね」より「気持ちのよい天気ですね」，「今日は雨ですね」より，「草花がよろこんでますね」。
④ ひとこと，ポジティブな言葉，気分のよい言葉をつけたすといいです。
⑤ あなた（スタッフ）の言葉が，シニアの気分を明るくしたり，前向きにしたりします。

スタッフによる言葉がけの極意

ほかに，「真っ青な空」「お日様が笑ってる」「小鳥たちも応援してくれてる」「満天の星」など，できるだけ，気分のよい言葉に変換してください。寝たきりの方の移動がむずかしければ，シニアはそのままの場所で，スタッフが感想を伝えるだけでもＯＫです。

㊸　最高の顔をする

1日のはじまりは素敵な顔で！

準備するもの　特にありません
ねらいと効果　心身を整える，気持ちと体のスイッチオン
対　　　　象　車いすの方，寝たきりの方　ほか

楽しみかた

① スタッフは，シニアに，「深呼吸を3回します」と言って，いっしょにします。
② 「鼻から吸って，口からはいてください」と，説明します。
③ そして，そのあとで，「いっしょに，目をとじてください」と言って，シニアに，お願いします。
④ そのままで（目をとじたままで）「私が，3つかぞえたら，**最高にいい顔をして，目をあけてください**」と言って，お願いします。
⑤ 目をあけたら，シニアもスタッフも，最高の顔になります。女性は美人になり，男性は男前に。

すぅ

スタッフによる言葉がけの極意

スタッフは，「いい顔してください」より，**「最高にいい顔してください」**と言って，お願いしてください。文字通り，最高にいい顔になりますから。

⑭ ときめきの誕生日

誰かをよろこばせましょう

準備するもの　かんたんなお祝いの品
ねらいと効果　誰かをよろこばせることを考える
対　　　象　車いすの方，寝たきりの方　ほか

楽しみかた

① シニアが，スタッフの誕生日をお祝いします。

② スタッフは，「○○さんのの誕生日を祝いたいので，協力してほしい」と，シニアにお願いします。

③ いっしょに，ハッピバースデーをうたうだけでも OK。

④ 手作りのバースデーカードをつくるのもありです。

⑤ シニアご本人が，ご家族や，友人の誕生日を祝うのもおもしろいです。

ハッピー　♪
バースデー

スタッフによる言葉がけの極意

「○○さんにも，いっしょにお祝いしてもらえたら，きっとよろこびます」と，誠心誠意お願いしてください。シニアは，誰かの役に立つことで，満足感を得ます。

㊺ ときめきの手紙

> **言葉のプレゼントでシニアを元気にしましょう**

準備するもの　特にありません
ねらいと効果　元気になる，いい気分になる
対　　　象　車いすの方，寝たきりの方　ほか

楽しみかた

① スタッフがシニアに手紙を贈ります。
② 言葉で言うのもいいですが，気持ちを込めて文字にすることで，相手に思いが伝わります。
③ どんなに短い文章でも，OKです。
④ たとえば，「いつもありがとうございます」，「○○さんに，出会えたことに感謝いたします」「○○さんの笑顔が大好きです」などなど。
⑤ 便箋と封筒もいいですが，写真や絵ハガキにしてもよろこばれます。

○○さんに，出会えたことに感謝いたします。

スタッフによる楽しみかたの極意

ぼくは，体操に参加してくださったシニアや，体調を崩しているシニアの方に，手紙を書くことがあります。それだけでも，相手の方に，とてもよろこばれます。手紙を書くのは，元気や勇気のプレゼントなのです。

㊻ ときめきの折鶴

折り方を教えていただきましょう

準備するもの　折り紙
ねらいと効果　鶴を折る，手先の器用さ維持
対　　　象　車いすの方　ほか

楽しみかた

①　スタッフは，あらかじめ，「鶴」の折り方をマスターしておいてください。

②　スタッフは，シニアに，「○○**さんが入院されたので，折鶴をあげたいんですけど，よければ，いっしょに鶴を折ってほしい」**と言って，お願いします。

③　ここで，もしも，シニアが鶴の折り方を知っていれば，わざと，シニアが先生になって，折り方を教えてもらうのもありです。

④　できた鶴は，机の上や，玄関など，なるべく人目につくところに飾ります。

⑤　ちなみに，柄のついた，千代紙を使うと，より綺麗な鶴ができます。

スタッフによる言葉がけの極意

「○○さんが入院されたので，折鶴をあげたいんですけど，よければ，いっしょに鶴を折ってほしい」など，「何かに役立つような理由」があるといいです。ほかにも，「折鶴を玄関に飾りたい」「今度，誕生日会のお祝いの飾りにしたい」など。

㊼ ときめきの指切り

指切りを楽しみましょう

準備するもの　特にありません
ねらいと効果　ぬくもりを感じる，指切りを楽しむ
対　　　　象　車いすの方，寝たきりの方　ほか

楽しみかた

① 　スタッフとシニアが指切りをします。

② 　スタッフは，「指切りげんまん，ウソついたら針千本飲ーます！」と言います。

③ 　このときに，**スタッフは，明るく，元気に，言うのが，大事**です。

④ 　「飲ーます！」を言ったあと，そのままの状態で，2，3秒間，相手の目をじーっと見つめてください

⑤ 　たったこれだけでもめちゃくちゃ楽しいです。特に，約束がなくても大丈夫です。

針千本飲ーます！

スタッフによる言葉がけの極意

「指切りげんまん，ウソついたら針千本飲ーます」 のところは，明るく元気に言います。明るく元気に言えば，シニアもノリノリでやってくれます。女性スタッフは，男性シニアと，男性スタッフは，女性シニアとすると，よろこばれます。

㊽　みそ汁

一杯の美味しさを味わいます

準備するもの　みそ　かつおぶし，調理器具など
ねらいと効果　道具を扱う，段取りを考える
対　　　　象　車いすの方，寝たきりの方　ほか

楽しみかた

①　スタッフと，シニアが，いっしょに，みそ汁をつくります。

②　できないところだけはスタッフが手伝い，**できる限り，シニア本人がつくります。**

③　やかんにお湯をわかします。

④　おわんに，みそを，スプーン一杯分入れます。

⑤　そこに，かつおぶしを，ひとつまみ投入。

⑥　お湯を注げば，美味しいみそ汁の完成。

⑦　キッチンがなくても，カセットコンロがあれば出来ます。（IH クッキングヒーターは火を使わないのでおススメです）

スタッフによる楽しみかたの極意

シニアが，自分で料理するのが最大の目的です。できる限り，シニア本人に任せて，できないところだけを手伝うようにしましょう。シニアの自信にもつながります。

㊽ 目玉焼き

かんたん脳トレになります

準備するもの　たまご，油，調理器具など
ねらいと効果　調理道具を扱う，段取りを考える
対　　　象　車いすの方，寝たきりの方　ほか

楽しみかた

① スタッフは，シニアといっしょに，目玉焼きをつくります。

② できないところだけはスタッフが手伝い，**できる限り，シニア本人につくっていただきます。**

③ フライパンを熱して，油をひきます。

④ 卵を割ります。

⑤ そこに卵を流し込んで，すぐに火を止めます。

⑥ あっという間に美味しい目玉焼きの完成です。

⑦ キッチンがなくても，カセットコンロがあればできます。（IH クッキングヒーターは火を使わないのでおススメです）

スタッフによる楽しみかたの極意

凝った料理をつくらなくても，大丈夫です。たまご料理なら，とてもかんたんにできます。目玉焼きのほかにも，オムレツもかんたんにできます。自分でつくることに意義があります。

❺⓪　こぶ茶

一味足して，お湯を注ぐだけ！

準備するもの　こぶ茶，かつお節，湯呑茶わん，調理器具など
ねらいと効果　道具を扱う，段取りを考える
対　　　象　車いすの方，寝たきりの方　ほか

楽しみかた

① スタッフと，シニアがいっしょに，こぶ茶をつくります。

② **できる限り，シニア本人につくっていただくようにします。**

③ やかんにお湯をわかします。

④ 湯呑茶わんに，こぶ茶を小さじ1杯いれます。

⑤ そこに，かつお節をひとつまみ入れます。

⑥ 最後に，お湯を注げば，完成です。

⑦ さらに，とろろ昆布を入れると，絶品です。

⑧ ちなみに，**かつお節はお湯をそそぐ「前」に入れ，とろろ昆布は「後」**に入れます。

⑨ キッチンがなくても，カセットコンロ（IHクッキングヒーターは火を使わないのでおススメです）を使えば，簡単にできます。

かつお節は
お湯をそそぐ
「前」に
ととろ昆布は
「後」に

スタッフによる楽しみかたの極意

実は，これを，湯豆腐にかけると，超絶品なのです。ぜひ，シニアと，いっしょにつくって，いっしょに美味しく味わってください。

🖊51　ぬか漬け

車いすの方にも，寝たきりの方にもおススメです

準備するもの　ぬか，野菜，調理器具など
ねらいと効果　ぬか漬けをつくる
対　　　象　車いすの方，寝たきりの方　ほか

楽しみかた

① スタッフは，シニアといっしょに，ぬか漬けをつくります。

② スタッフは，シニアに，「美味しいぬか漬けが食べたい！」と言って，お願いします。

③ スタッフが，大根を適当な大きさに切ります。

④ 切った大根を，シニアにぬかに入れてもらいます。

⑤ あとは，1〜2日，待つだけで，極上のぬか漬けの完成です。

⑥ きゅうり，にんじん，なす……なんでもOKです。

⑦ オリーブオイルとコショウをかけると，美味しさアップです。

スタッフによる楽しみかたの極意

ぬか漬けを選んだ理由は，本当に，かんたんで美味しいからです。こんなに美味しいものが，こんなに簡単でいいのか！　と，思います。ぜひ，いっしょにつくって，いっしょに食べてください。

🄝 天日干し

野菜を，切るだけ！

準備するもの　ざる，余った野菜
ねらいと効果　太陽の恵みをいただく，食材を残さず使い切る
対　　　　象　車いすの方，寝たきりの方　ほか

楽しみかた

①　スタッフは，シニアといっしょに，野菜の天日干しをします。

②　たとえば，「キャベツを，手でちぎってほしい」と，シニアにお願いします。

③　ちぎったキャベツは，ざるの上に並べて置きます。

④　そのまま，ベランダに置いて，天日干しにします。

⑤　1，2日で，完成です。（季節によって差があります）

⑥　ほかにも，大根，にんじん，はくさい，ほとんどの野菜できます。（もやしでもできます！）

⑦　みそ汁やスープに入れると最高です。

ワク
ワク

スタッフによる楽しみかたの極意

野菜をちぎったり，切るだけなので，誰にでもかんたんにできます。シニアが作業に関わることが肝心です。実際に食事をいただくときの思い入れも違ってきます。

人の役に立つことをしてもらう

ある老人ホームの話です。

無断で勝手に外出する男性シニアがいました。
そのたびに，迷子になってしまうそうです。

「何か，外出をやめるようないい方法はないか」

考えに考えた結果，現場の職員の方は，その方に，「あるお願い」をします。
では，問題です。
その「あるお願い」，なんだと思いますか。

ヒント　その1　「外出禁止」ではありません。
ヒント　その2　**ご本人の気持ちを重視しています。**
ヒント　その3　**「やりがい」があります。**

答えは，「（老人ホームの）受付を手伝ってほしい」です。

実際に，ぼくが，そこに行ったときも，受付に，その方がいました。
受付の仕事は，その男性シニアにとって，やりがいのある仕事だったのです。

　話によれば，その証拠に，**その男性シニアは，自分が受付の仕事を手伝うことを，誇らしく思っていました。**

　車いすの方や，寝たきりの方も，人の役に立つことは，うれしいはずです。
　この本にもある，**掃除することや，植物を育てることも，見方を変えてみ**れば，役に立つことになります。

　ただし，ただ単に，「手伝いをさせればいい」という考えでは，ダメです。
　あくまでも，**シニアご本人の気持ちを一番に重視して，考えるのが大切です。**

おわりに
「そうやって楽しんだらいいんだね」

友人といっしょに，スナックに行ったときの話です。

そこは，ある地方の，はじめて行ったお店でした。
そこで，常連の方が，ぼくたちに，こう言ってくださったのです。

「そうやって楽しんだらいいんだね」

常連の方の話によれば，

「ここの店のお客さんは，みんな，飲み方がおとなしすぎる。
それは，かっこいいかもしれないけれど，
大事なのは，かっこいいことよりも，楽しむことだ。
あんたたちは，楽しんでる！
あんたたちのおかげで，楽しくなった。
今日は，なんだか，いい勉強になった気がする。ありがとう」

お酒も入っていて，もちろん，お世辞もあると思います。
でも，はじめて行ったお店で，そんなふうにホメてくださったのです。
正直，とてもうれしいお言葉でした。

後日，ほかの店でも，まったく同じような出来事が，何度かありました。

そして，こう思ったのです。

「きっと，ぼくは，楽しむのが上手なんだなあ」

それまでは，そんなこと，まったく意識したことはありませんでした。

でも，他人から言われてみて，はじめて，そう感じるようになりました。

少なくとも，他の人から，ぼくは，そんなふうに見えているようです。

だったら，その楽しむ極意，もっとたくさんのみなさまと分かち合いたいです。

「こうしたら，楽しいですよ」

「こんなふうにしたら，もっと楽しいですよ」

この本も，そう思ってつくりました。

これは，あくまでも，ぼくの自己流です。

でも，この常連さんのように，

「あんた（の本）は，楽しんでる！」

「あんた（の本）のおかげで，楽しくなった！」

現場で活躍するスタッフのみなさまに，そう感じてもらえたら，最高の幸せです。

最後に，もう一言だけ言わせてください。

こうやって，楽しんだらいいんです！

　平成 30 年 6 月

　　　　　　　　　　　　　ムーヴメントクリエイター　斎藤道雄

著者紹介

●斎藤道雄

体操講師，ムーヴメントクリエイター。
クオリティ・オブ・ライフ・ラボラトリー主宰。
自立から要介護シニアまでを対象とした体操支援のプロ・インストラクター。
　体力，気力が低下しがちな要介護シニアにこそ，集団運動のプロ・インストラクターが必要と考え，運動の専門家を，数多くの施設へ派遣。
　「お年寄りのふだん見られない笑顔が見られて感動した」など，シニアご本人だけでなく，現場スタッフからも高い評価を得ている。

［お請けしている仕事］
○ 体操教師派遣（介護施設，幼稚園ほか）　○ 講演
○ 研修会　　　　　　　　　　　　　　　○ 人材育成
○ 執筆
［体操支援・おもな依頼先］
○ 養護老人ホーム長安寮
○ 有料老人ホーム敬老園（八千代台，東船橋，浜野）
○ 淑徳共生苑（特別養護老人ホーム，デイサービス）ほか
［講演・人材育成・おもな依頼先］
○ 世田谷区社会福祉事業団
○ セントケア・ホールディングス（株）
○ （株）オンアンドオン（リハビリ・デイたんぽぽ）ほか
［おもな著書］
○『車椅子の人も片麻痺の人もいっしょにできる新しいレクリエーション』
○『椅子に腰掛けたままでできるシニアのための脳トレ体操＆ストレッチ体操』
○『超シンプルライフで健康生活』
○『目の不自由な人も耳の不自由な人もいっしょに楽しめるかんたん体操25』
○『要介護シニアにも超かんたん！　ものまねエア体操で健康づくり』
○『認知症の人も一緒に楽しめる！　リズム遊び・超かんたん体操・脳トレ遊び』
○『介護レベルのシニアでも超楽しくできる声出し！お祭り体操』
○『介護スタッフのためのシニアの心と体によい言葉がけ5つの鉄則』
○『要介護シニアも大満足！　3分間ちょこっとレク57』（以上，黎明書房）

［お問い合わせ］
ホームページ：http://www.michio-saitoh.com/
メ　ー　ル：info@michio-saitoh.com
ファックス：03-3302-7955

＊イラスト・さややん。

車いすや寝たきりの人でも楽しめる
シニアの1〜2分間ミニレク52

2018年10月1日　初版発行	著　者	斎　藤　道　雄
	発行者	武　馬　久仁裕
	印　刷	藤原印刷株式会社
	製　本	協栄製本工業株式会社

発　行　所　　　　　　　株式会社　黎　明　書　房

〒460-0002　名古屋市中区丸の内3-6-27　EBSビル　☎ 052-962-3045
　　　　　　　　　FAX 052-951-9065　振替・00880-1-59001
〒101-0047　東京連絡所・千代田区内神田1-4-9　松苗ビル4階
　　　　　　　　　　　　　　　　　　　☎ 03-3268-3470